UN CHEF D'INDUSTRIE ALSACIEN

VIE DE JEAN DOLLFUS

AVEC UN PORTRAIT EN PHOTOGRAVURE

PAR

IVAN ZUBER

Secrétaire du Comité d'utilité publique de la Société industrielle de Mulhouse

Extrait du Bulletin de la Société industrielle de Mulhouse

MULHOUSE

LIBRAIRIE DETLOFF, STUCKELBERGER SUCCESSEUR

1888

VIE DE JEAN DOLLFUS

JEAN DOLLFUS

VIE DE JEAN DOLLFUS

AVEC UN PORTRAIT EN PHOTOGRAVURE

PAR

IVAN ZUBER

Secrétaire du Comité d'utilité publique de la Société industrielle de Mulhouse

Extrait du Bulletin de la Société industrielle de Mulhouse

MULHOUSE

LIBRAIRIE DETLOFF, STÜCKELBERGER SUCCESSEUR

1888

Le 23 mai dernier, un immense cortège suivait le convoi funèbre de notre cher et vénéré collègue M. Jean Dollfus ; les très nombreux parents et amis, les anciens ouvriers, toute la population avait voulu rendre les derniers devoirs à celui qui fut à la fois un grand citoyen, un industriel hors ligne, et surtout un philanthrope éclairé dont le décès devenait un deuil public.

Je viens remplir, au nom du conseil d'administration, un pieux devoir en essayant, malgré mon insuffisance, de retracer pour la Société industrielle les principaux caractères de cette longue et belle existence.

M. Jean Dollfus est né à Mulhouse le 25 septembre 1800; il était le troisième fils de Daniel Dollfus et de Anne-Marie Mieg, et le petit-fils de Jean Dollfus, le dernier bourgmestre de la république de Mulhouse. Son grand-père fut, en 1764 [1], l'un des fondateurs de la maison Dollfus et Hofer, laquelle prit en 1777 le nom de Jean Dollfus, en 1783 celui de Dollfus père, et enfin, en 1802, celui de Dollfus-Mieg et Cie, qu'elle porte encore de nos jours. D'autre part, Jean-Henri Dollfus, le grand-oncle de notre collègue, fut l'un des trois fondateurs de la fabrication de l'indienne à Mulhouse en 1746, comme associé de la maison Kœchlin-Schmaltzer et Cie.

M. Jean Dollfus fit les études assez sommaires de l'époque en Suisse, d'abord à Aarau avec beaucoup de camarades alsaciens, puis à Neuchâtel; à l'âge de 15 ans, quelques semaines après Waterloo, il entrait en apprentissage commercial à Bruxelles. Son père étant mort en 1818, son beau-frère, M. André Kœchlin, eut à se charger de la direction de la maison, et dès 1820, avant même d'être majeur, le jeune homme était admis comme l'un des associés de la maison Dollfus-Mieg et Cie et envoyé à Leipzig avec la mission toute de confiance d'y créer une maison de vente.

Une pièce curieuse, c'est le consentement donné par-devant Fr. Ant. Ebersol, notaire royal à la résidence de Mulhausen, par dame Marie Mieg, veuve de feu M. Daniel Dollfus, et par M. André Kœchlin, à ce que leur pupille « érige dans la ville de Leipzig ou tout autre lieu quel-

---

[1] D'après Mathieu Mieg l'aîné : *Relation historique des progrès de l'industrie commerciale de Mulhouse en 1823.*

« conque un établissement de commerce pour telle branche
« qu'il jugera convenable. Ce consentement a été accordé,
« attendu, d'une part, qu'ils connaissent au sujet en ques-
« tion l'aptitude et autres qualités requises pour entrer
« dans la carrière dont s'agit, et que, d'autre part, d'après
« la législation française présentement en vigueur, il n'existe
« point de direction ou chambres de tutelles auxquelles
« leur pupille aurait pu avoir recours. »

Dans un deuxième acte, daté du 25 mai 1820 et passé
pardevant le même notaire, M. André Kœchlin déclare
que le sieur Jean Dollfus, fils encore mineur de feu Daniel
Dollfus et de dame Marie Mieg, conjoints de Mulhausen,
est l'un des associés solidaires et ayant la signature sociale
de la dite maison Dollfus-Mieg et Cie.

Cette pièce a son importance, vu que le petit livre de
Mathieu Mieg l'aîné : *Relation historique des progrès de
l'industrie commerciale de Mulhausen en 1823,* mentionne
Jean Dollfus comme associé seulement en 1822, ses frères
aînés Daniel et Mathieu en 1821.

Quoi qu'il en soit, peu d'années après, probablement
vers 1826, M. André Kœchlin se retira pour créer un
établissement de construction de machines, et M. Jean
Dollfus dut prendre, encore bien jeune, la direction effec-
tive de l'affaire avec ses frères. Il se voua tout entier à
cette tâche, et pendant de longues années sa biographie se
confond avec l'histoire de cette maison.

Doué à un haut degré de l'intelligence des affaires,

animé pour leur succès d'une énergie sans égale, puisant dans la juste confiance qu'il avait en lui-même de quoi surmonter et braver au besoin les difficultés et les revers qu'elles placent à certaines heures sur le chemin des plus vaillants, travailleur infatigable jusqu'à un âge avancé, il entraînait par son exemple ses collaborateurs et les tenait constamment en haleine. Il exigeait beaucoup d'eux, mais il savait aussi encourager et récompenser généreusement ceux qui travaillaient selon ses idées et contribuaient à augmenter la rénommée et la prospérité de la maison.

Ce qui honorait surtout M. Jean Dollfus, c'était l'absence de tout sentiment égoïste ; il ne connaissait pas ce qu'on appelle la jalousie de métier. Il voyait avec plaisir une concurrence honnête s'établir et ne prenait pas en considération exclusive ses propres intérêts. Ses pensées visaient plus haut. Il voulait maintenir la supériorité de la fabrication de Mulhouse et de son rayon industriel. Conquérir le monde à l'indienne alsacienne, c'était son ambition, son idéal.

Dans les quatre industries de Dollfus-Mieg et Cie, filature, tissage, retordage, impression, M. Jean Dollfus s'est toujours plus spécialement appliqué à développer la fabrique d'indienne, à laquelle il subordonnait, comme le veut d'ailleurs la logique de la production, les industries dont elle forme l'aboutissement.

Pour lui, l'indienne était l'âme de l'industrie mulhousienne.

Aussi chercha-t-il dans la réforme du système douanier, comme dans les admissions temporaires, un aliment à la fabrication courante, qui devait permettre la lutte avec l'Angleterre sur les marchés qu'elle seule alimentait.

La marchandise ordinaire à bas prix, obtenue par les impressions sur tissus anglais ou suisses, ouvrit également la voie d'exportation à bien des articles plus soignés faits sur tissus de Mulhouse.

M. Dollfus y voyait un avantage pour nos filatures et tissages dont les produits trouvaient aussi de nouveaux débouchés; il y voyait également pour son pays des façons d'impressions qu'il ne pouvait s'assurer qu'en adoptant aussi des tissus étrangers revenant à plus bas prix que ceux d'Alsace.

Après la révolution de juillet 1830, la situation de l'industrie cotonnière, et plus spécialement des maisons d'impression, était très difficile et pour beaucoup d'établissements très précaire. Vers 1833, la confiance dans le maintien de la paix se rétablissant, les affaires s'en ressentirent aussitôt. C'est à cette époque, et sous l'habile direction de M. Jean Dollfus, que la maison Dollfus-Mieg et Cie se distingua entre toutes par ses productions en tissus imprimés. Ses jaconas et ses mousselines imprimés eurent un succès éclatant, auquel contribua pour beaucoup M. Grosrenaud, artiste dessinateur distingué. Le bon goût des dessins, leur application à des genres spéciaux, une grande entente des nuances et le fini de la fabrication, donnèrent à ses produits une réputation universelle et durable. Les circonstances d'ailleurs devenaient propices ; l'exportation des impressions, sur tissus fins et légers particulièrement, prenait du développement ; la filature et le tissage en profitèrent beaucoup de leur côté.

On peut dire que la maison Dollfus-Mieg et Cⁱᵉ se trouvait alors à la tête de ce mouvement ; c'est elle principalement qui prit l'initiative de l'augmentation de l'outillage industriel et d'une production dont l'importance augmenta rapidement, au point que déjà vers 1851 M. Jean Dollfus pouvait déclarer que sa maison exportait annuellement pour six millions de produits.

Il se lançait d'ailleurs volontiers dans les nouvelles inventions ou applications qu'il croyait bonnes.

C'est ainsi que sa maison fut l'une des premières à imprimer sur une grande échelle les couleurs insolubles au moyen de l'albumine.

Lorsque les laques Broquette sur laine apparurent, un vaste atelier fut improvisé en hiver au fort de la saison, c'était en 1847 ; M. Jean Dollfus fit accomplir cette année-là un vrai tour de force, et la campagne des laines, déjà fortement commencée, put s'achever avec les nouvelles couleurs.

En 1851, il emporta de l'exposition de Londres l'idée de changer les métiers à filer à la main en métiers automates, et dès 1853 Dollfus-Mieg et Cⁱᵉ montaient 30,000 broches avec les premiers métiers self-actings, que construisirent MM. André Kœchlin et Cie ; ce qui valut à l'établissement un prix institué par la Société industrielle.

M. Jean Dollfus importa en outre une encolleuse et deux métiers à tisser à grande vitesse.

A la même époque il se construisait à Dornach une filature en fin de 30,000 broches, qui était à peu près terminée lorsqu'elle brûla en octobre 1852. Grâce à l'énergie de notre collègue, le bâtiment fut rétabli en trois mois ; heureusement le temps avait été favorable, et l'on put commencer le montage dès la fin de décembre.

En ce qui concerne spécialement l'impression, M. Jean Dollfus fit introduire en 1859 dans ses ateliers l'une des premières machines à imprimer à huit couleurs, ce qui était le maximum de ce genre de travail pour l'époque.

En 1856, lors de l'apparition de la murexide, il fit faire rapidement une organisation pour l'emploi de ce produit en impression.

Il s'assura toute la production du violet d'aniline de Monnet et Dury de Lyon.

Le blanchiment ayant brûlé en septembre 1861, il fit établir le nouveau système de blanchiment à haute pression.

L'impulsion puissante et décisive que donnait le chef de l'établissement de Dornach à toutes les choses qu'il prenait en main, car il fut un moteur hors ligne, ne doit pas nous faire oublier la part due à ses auxiliaires, celle surtout qui dans le progrès de la teinture, de l'impression et du blanchiment revient à l'ancien président de la Société industrielle, M. Daniel Dollfus fils, coloriste et chimiste de la maison durant cette période et que M. Jean Dollfus a si vivement regretté lorsqu'il mourut inopinément à Manchester, durant un voyage qu'il faisait en Angleterre avec sa femme et son père.

Lors de la crise cotonnière pendant la guerre de sécession en Amérique, M. Jean Dollfus aida beaucoup la culture du coton en Algérie en faisant établir un égrenage et en faisant des avances aux colons planteurs de coton à Relizane et à Saint-Denis-du-Sig.

A partir de 1860, M. Jean Dollfus voyagea beaucoup, et dans l'intervalle de ses voyages il s'occupa plus spécialement d'affaires publiques ; cependant, jusqu'en 1876, il resta le chef nominal de sa maison, qu'il commandita ensuite jusqu'en 1884.

La grande autorité dont il jouissait dans son industrie fit rechercher son concours pour les jurys des expositions internationales.

En 1855, à Paris, il fut le seul représentant de l'Alsace à la commission impériale de l'exposition universelle ; il fonctionna en outre comme membre du jury de la classe XIX (cotons).

En 1862, à l'exposition universelle de Londres, il fut nommé membre de la section française du jury et vice-président de la classe XVIII (industries cotonnières).

Les plus belles distinctions honorifiques vinrent couronner sa carrière industrielle. Nommé chevalier de la

Légion d'honneur déjà en 1839, puis officier en 1860, il était promu commandeur le 15 juillet 1867, haute et bien rare récompense en dehors de l'armée, de la politique et de l'administration.

Mais si M. Jean Dollfus a brillé au premier rang comme industriel, son plus beau titre consiste dans le bien qu'il a fait autour de lui en cherchant à améliorer le sort de ses ouvriers, à soulager les souffrances des déshérités qu'il avait sous les yeux. Ce fut jusqu'à son dernier jour pour lui un sujet d'ardente préoccupation. Ces nobles aspirations, admirablement secondées par un entourage qui y sympathisait, se sont fait jour sous des formes variées. Souvent méconnu par ceux qui profitaient de son initiative, les déceptions ne l'ont pas découragé et, jusqu'à la fin de sa longue carrière, sa sollicitude philanthropique ne s'est pas ralentie ni refroidie.

L'œuvre la plus connue parmi celles qui ont illustré son nom et qui perpétuent autour de lui la gratitude de ses concitoyens, est l'œuvre des cités ouvrières de Mulhouse. Rappelons seulement que la question a été mise à l'étude par la Société industrielle en 1851 sur la proposition de feu M. Jean Zuber fils, et que ce fut alors son ami M. Jean Dollfus qui, à la tête de onze co-actionnaires, en assura la belle et heureuse réalisation. Le problème posé était de mettre à la disposition de l'ouvrier un logement séparé, commode et salubre, à un prix de loyer abordable comprenant une annuité qui rendrait celui qui l'acquitterait propriétaire au bout d'un certain nombre d'années. C'était à la fois remplacer des bouges malsains par des habitations bien conditionnées et encourager puissamment à l'épargne. La société, constituée en 1853 à 60 actions de 5000 fr., stipulait que les actionnaires ne pourraient toucher plus de 4 % du capital versé et s'interdisaient tout bénéfice. On se mit immédiatement à l'œuvre et cent maisons furent construites dès cette première année d'après plusieurs modèles, mais toutes avec un jardinet d'environ 120 mètres carrés. Les prix de vente variaient alors de 2000 à 3000 fr.; aujourd'hui il faut compter sur 3200 à 4200. L'acquéreur doit payer quelques cents francs comptant pour les frais, puis un terme mensuel de 18 à 30 fr., qui suffit pour le libérer entièrement après dix à quinze années.

Avec le faible capital-actions de 300,000 fr. porté à 355,000, plus une subvention du gouvernement de 300,000 francs, on était parvenu à construire jusqu'au 30 juin dernier 1072 maisons ; toutes sont vendues et les constructions projetées sont même en partie déjà retenues d'avance.

Il a été versé par les acquéreurs, depuis l'origine, 4,071,145 fr. et ils ne restaient devoir à l'époque indiquée que 385,452 fr. C'est un brillant succès, dû surtout à l'énergique et persévérante impulsion de notre regretté collègue, demeuré jusqu'à la fin de ses jours le président du conseil d'administration de la Société des cités. Il y rattacha toute une série d'institutions utiles : bibliothèque populaire, boulangerie, restaurant, magasin d'épicerie, de vêtements, de fourneaux économiques, etc., livrant tout au comptant et à prix coûtant.

Vers 1868 il organisa à ses frais, dans le voisinage des cités, un établissement pour location de force motrice possédant une machine à vapeur de 3o à 40 chevaux ; cet établissement, favorable à l'installation d'une multitude de petites industries, a rendu de réels services ; il ne réussit pas néanmoins à couvrir ses frais.

C'est aussi à M. Jean Dollfus que Mulhouse est redevable de l'excellente institution des bains et lavoirs publics. Les premiers furent installés par lui en 1851, rue de Didenheim, avec le concours de l'Etat et de la ville ; en 1855 furent créés ceux des cités ouvrières ; enfin, en 1864, un nouveau lavoir et une grande piscine vinrent encore s'y ajouter.

Pour se faire une idée des services rendus par cette œuvre si complètement réussie, il suffira de citer quelques chiffres : dans ces derniers temps les trois établissements réunis ont donné chaque année de 14 à 16,000 bains à 15 centimes et de 5o à 60,000 lavages coûtant 5 centimes pour deux heures ; malgré ces bas prix il est resté de quoi faire annuellement à la ville un don qui a varié de 1000 à 1800 fr.

Une autre œuvre due à M. Jean Dollfus, qui n'a cessé de pourvoir à toutes ses charges, c'est l'asile pour les voyageurs indigents *(Armenherberge)*, ouvert le 18 mai

1859 dans l'un des bâtiments de l'ancien hôpital et dirigé depuis l'origine par Mme Mattmann. Quarante personnes peuvent y trouver un refuge pour la nuit ; on leur donne soupe et pain le soir et encore du pain le matin, mais il a fallu renoncer à un secours supplémentaire de 20 centimes en argent qu'on donnait au début et qui amenait des abus. Durant la saison rigoureuse, trente à quarante indigents profitent chaque nuit de cet asile ; en été il y en a beaucoup moins.

Ayant fixé sa résidence d'hiver à Cannes et frappé des effets bienfaisants du Midi, notre vénérable collègue voulut en faire profiter aussi les malheureux, et en 1881 il y créait un hospice maritime pour les enfants scrofuleux. Une quarantaine de ces pauvres êtres y sont admis pendant les mois d'hiver, et grâce au bon climat, aux bains de mer, aux soins réellement maternels de la dévouée directrice, Mlle Noël, beaucoup y ont trouvé soit la guérison, soit un grand soulagement.

De l'enfance souffrante la sollicitude de M. Jean Dollfus est allée aux vieillards. En 1882, à l'occasion de ses noces de diamant, il inaugurait l'asile du Gaisbuhl à Dornach, dans la belle propriété qui avait appartenu à son fils ; quarante vieillards, hommes et femmes, s'y trouvent admirablement installés. Une visite au Gaisbuhl réjouit en vérité le cœur ; on y est reçu par la sœur Marguerite, qui administre cette communauté avec tant de tact et d'entente que tout y marche à souhait. C'est plaisir à voir ces figures satisfaites, tous ces pensionnaires heureux et occupés chacun selon ses forces ; il y a tailleur, cordonnier, menuisier, jardinier et ainsi de suite ; l'étendue de la propriété, qui comprend parc et jardin potager, permet l'entretien de deux vaches ; la dépense par personne et par jour ne dépasserait pas 1 franc, si nous sommes bien informé.

L'hospice de Cannes et l'asile du Gaisbuhl ne disparaîtront pas. Largement dotés par la générosité de la famille, leur avenir est assuré et ils perpétueront le souvenir de leur vénéré fondateur aussi bien que les cités ouvrières et les bains et lavoirs, qui se suffisent à eux-mêmes.

Le rôle de M. Jean Dollfus comme membre de la Société industrielle a été considérable, bien que nos Bulletins ne mentionnent que peu de travaux sous son nom. C'est qu'il était plutôt homme d'action et d'impulsion qu'homme de plume, et qu'il procédait volontiers par communications verbales ou par de simples notes. Reçu le 3o octobre 1829, il a été le 65me membre de notre Société ; il en a donc fait partie pendant plus de cinquante-sept années, suivant toujours ses travaux avec intérêt. Jusque dans les derniers temps il assistait souvent à nos séances ; sa vénérable figure que j'évoque en ce moment au milieu de vous, Messieurs, restera vivante dans nos souvenirs.

En 1860, M. Dollfus proposa la transformation de notre ancien comité d'économie sociale en comité d'utilité publique, pour mieux accentuer la tendance à suivre ; il en devint le premier secrétaire, jusqu'à ce qu'il fut remplacé dans cet office par son gendre, notre regretté Engel-Dollfus, lequel, vous le savez, marcha si dignement sur ses traces.

Déjà en 1847, une commission mixte de la Société industrielle et de la Chambre de commerce demandait que, pour les enfants de 8 à 12 ans, l'on réduisit la durée du travail à 6 heures, et que la journée se trouvât partagée entre l'école et la fabrique, sous le contrôle d'inspecteurs chargés de faire observer ces prescriptions. A la fin de 1863, M. Jean Dollfus, à peine nommé maire de Mulhouse, se préoccupe de la fréquentation très insuffisante des écoles, et insiste dans une note éloquente adressée à la Société industrielle pour rappeler les vœux émis en 1847, et pour recommander de se hâter d'introduire ces améliorations si désirables, sans attendre qu'une loi les rende obligatoires.

En 1864, notre collègue indiquait les mesures qu'il avait fait prendre par sa maison à l'effet d'assister les ouvrières pendant les premières semaines qui suivent un accouchement ; ce fut le point de départ de l'Association des femmes en couches qui se forma entre huit des principaux établissements, et dont l'influence, au point de vue de la mortalité des nouveaux-nés, a été si heureuse.

En 1867, M. Jean Dollfus rend compte de la réduction de 12 à 11 heures de travail pour le tissage, dont il a pris l'initiative, en imitant ce qui s'est fait en Angleterre, et il affirme que la production a pu rester la même.

Les Cités ouvrières et les Bains et lavoirs, dont il a déjà été fait mention, donnèrent lieu à plusieurs rapports à la Société industrielle, qui reçut en outre bien des communications verbales ou écrites de M. Jean Dollfus touchant toutes à des questions d'utilité publique, telles par exemple que :

La règlementation internationale des conditions du travail ; les assurances sur la vie et contre l'incendie facilitées aux ouvriers ; les encouragements à l'épargne ; les fournitures alimentaires et autres à bon marché ; les bibliothèques et cours populaires ; les primes aux conscrits illettrés qui apprendraient à lire.

De tous les écrits de M. Jean Dollfus livrés à la publicité, la plus forte part a trait aux questions douanières, qui, surtout de 1851 à 1860, mirent en jeu toute son infatigable activité, et provoquèrent une vive controverse pour et contre ce qu'on appelait alors improprement le libre-échange.

En réalité, il ne s'agissait ici que de la levée des prohibitions douanières portant encore sur beaucoup d'articles, notamment sur les produits de l'industrie cotonnière, et de leur remplacement, dans un délai déterminé, par des droits protecteurs bien pondérés.

Indienneur dans l'âme, animé, comme nous l'avons dit, de l'ardent désir de faire prospérer cette belle industrie alsacienne, mûre, selon lui, pour l'exportation, mais entravée dans son développement par des barrières légales qu'il estimait excessives, M. Dollfus fit le 26 février 1851 à la Société industrielle une communication sur l'opportunité d'une réforme à apporter dans le système protecteur des douanes.

Il se bornait à recommander un système moins prohibitif, quoique toujours protecteur ; il estimait que des droits de 15 % sur les filés et de 20 à 25 % sur les tissus écrus, blancs et imprimés, constitueraient une protection suffisante et raisonnable. Il voudrait, disait-il, par plus de travail, par un travail plus offert que demandé, procurer à nos ouvriers un plus grand salaire, un plus grand bien-être. . . . .

Il demandait en même temps l'affranchissement des matières premières, de celles surtout dont le droit était purement fiscal.

La Société industrielle nomma une commission chargée d'étudier cette grave question, et ce n'est qu'environ deux années plus tard, après une laborieuse enquête, que cette commission parvint à formuler ses conclusions dans un rapport lu par M. Weiss-Schlumberger, à la séance extraordinaire du 19 janvier 1853. La commission approuvait la suppression des droits d'entrée sur les matières premières de l'industrie dont les droits étaient purement fiscaux ; par 13 voix contre 12, elle décidait « qu'il n'y a pas lieu, dans la situation actuelle de l'industrie cotonnière, de remplacer la prohibition par des droits protecteurs » ; enfin, par 12 voix contre 5, elle appuyait la demande des imprimeurs aux fins d'obtenir la faculté d'introduire les tissus étrangers en France, à charge de réexportation après l'impression.

Ce rapport donna lieu à une vive discussion, et la Société industrielle voulant, dans un esprit de conciliation, écarter tout germe de discorde, passa à l'ordre du jour sur la proposition de M. Jean Dollfus, sans se prononcer sur le fond, et décida qu'aucune pièce relative à la question ne serait publiée dans ses Bulletins.

Mais le gouvernement impérial ayant mis à l'étude la réforme douanière, la polémique se renouvela sur un autre terrain ; chaque camp eut son comité d'action, ses journaux, jusqu'à ce que le traité de commerce du 23 janvier 1860 avec l'Angleterre vint imposer une solution.

Notre collègue prit une large part à l'enquête et aux négociations qui précédèrent ce grand événement économique ; de là datent ses relations intimes avec Cobden, Michel Chevalier et d'autres économistes marquants.

Maintenant que ces faits appartiennent à l'histoire, et que le temps a passé sur ces discussions, on ne peut relire les écrits de M. Jean Dollfus sans être frappé de sa profonde conviction et de son inaltérable confiance en la vitalité de l'industrie française, confiance que l'avenir a justifiée. Sans doute, on peut critiquer le traité de 1860, on peut regretter surtout qu'il ait été imposé par un acte d'autorité, mais, actuellement, il faut bien reconnaître que la force des choses devait amener la suppression des prohibitions dont le temps était passé. Que serait devenue l'industrie cotonnière en Alsace si elle était restée jusqu'en 1870 comme en serre chaude sous le régime de la prohibition ? N'est-ce pas en quelque sorte providentiel qu'elle se soit trouvée transformée et préparée par les effets du traité de 1860 pour une lutte bien autrement formidable, qu'elle a si vaillamment soutenue ? Si de nos jours on voit presque toutes les nations renforcer les barrières douanières, et hausser les droits d'entrée jusque sur le pain, n'est-ce pas un triste recul et une preuve affligeante de malaise général et de la méfiance qui règne malheureusement à cette heure entre les peuples ?

Avant comme après l'annexion de l'Alsace-Lorraine à l'empire d'Allemagne, M. Jean Dollfus lutta énergiquement pour obtenir ou conserver à l'industrie des toiles peintes la facilité d'importation temporaire des tissus, et il s'entremit de toutes ses forces pour obtenir en 1871 de la France quelques soulagements transitoires pour les produits importés par l'industrie alsacienne, brusquement séparée de son marché normal.

Un homme réunissant de si précieuses qualités, et d'un si rare mérite, devait être appelé par ses concitoyens à bien des fonctions ou positions honorifiques.

Avant 1835, M. Jean Dollfus fut juge, puis président du tribunal de commerce de 1842 à 1846 ; on raconte qu'il se levait de grand matin pour étudier le Code et les lois, lui qui aimait à avoir ses coudées franches. A partir de 1843, il fut, pendant vingt-cinq années, membre actif de la Chambre de commerce.

Pour procurer à l'industrie alsacienne la houille à meilleur compte, il patrona chaudement le canal de la Sarre et obtint l'allongement des écluses du canal du Rhône au Rhin.

Il s'intéressa beaucoup à la *Mutuelle du Haut-Rhin*, l'une des premières assurances mutuelles contre l'incendie, fondée en 1818 par M. Jean Zuber père ; il fit partie de son Conseil d'administration depuis 1835 jusqu'à sa mort, et le présida de 1868 à 1877.

La Société des bibliothèques communales, fondée par Jean Macé en 1863, le choisit pour président. — Il fut l'un des présidents de la Société de protection des apprentis et des enfants employés dans les manufactures. — Passionné pour la paix, il fut également l'un des présidents de la Ligue de la paix ; son rêve était l'arbitrage en cas de conflits internationaux, et le désarmement général, qui permettraient de convertir en dépenses utiles et productives les sommes colossales destinées à l'entretien des armées. Un vœu d'honnête homme, un beau rêve ! qui, nous voulons l'espérer, deviendra une réalité quelque jour.

Conseiller général, puis maire de Mulhouse, de décembre 1863 à juillet 1869, l'administration de M. Jean Dollfus a été signalée par d'importantes et bien utiles innovations : citons le Marché-Couvert, le voûtage du Fossé et de la Sinne, le comblement du Mittelbach, la construction du Passage-Couvert.

Bien avant, en 1827, il fut l'un des promoteurs du Nouveau-Quartier, et en 1841 l'un des fondateurs de l'Hospice civil actuel, en s'associant avec MM. André Kœchlin, Nicolas Kœchlin père et Jean Zuber père, pour faire don à la ville de tous les terrains nécessaires. De même, il fit don, en 1879, du terrain pour l'église Saint-Joseph, à la Nouvelle-Cité ouvrière.

En 1870, il donna tout son concours à la commission municipale qui fut appelée au difficile et périlleux honneur de sauvegarder les intérêts de la ville de Mulhouse, en face de l'invasion ; chacun de nous se souviendra des services qu'il sut rendre dans ces moments de dures épreuves.

En 1877, Mulhouse fit de nouveau appel au dévouement de M. Jean Dollfus pour l'envoyer au Reichstag, en remplacement de M. Hæffely, son premier député décédé, et trois fois encore, en 1878, en 1881 et en 1884, son mandat fut renouvelé presque à l'unanimité des votants. Malgré son grand âge, il fit plusieurs fois le long voyage de Berlin ; il intervint aussi par lettres auprès de ses collègues, notamment pour exposer tout ce qui avait été réalisé en Alsace, en faveur de la classe ouvrière, et pour faire ressortir à l'occasion du budget son thème favori : le bien immense qui pourrait être fait en restreignant les dépenses militaires et en assurant la paix.

Je me suis appliqué, Messieurs, à vous montrer le grand industriel, l'économiste convaincu, le philanthrope, l'homme public ; il me reste à ajouter quelques traits particuliers pour compléter le tableau :

M. Jean Dollfus était un caractère fait de contrastes. Il avait l'esprit synthétique. La misère, la maladie, l'infirmité, sous leur aspect individuel n'était pas ce qui le frappait et sollicitait le plus son action ; il voyait surtout des groupes, des catégories d'individus : ouvriers, femmes en couches, enfants scrofuleux, vieillards, et c'est pour cela qu'il imaginait des institutions, des œuvres susceptibles d'embrasser dans leur cadre ces groupes ou ces catégories.

Il ne se bornait pas à un large concours financier. Il s'emparait des œuvres dont il était le promoteur : il entendait qu'elles fussent conduites à son idée et pas autrement ; il mettait à leur imprimer sa marque une activité et une tenacité sans égales, et qui, pourquoi le taire ? ne laissaient guère de place à ses côtés.

En toutes choses il calculait le prix de revient, quelquefois d'une manière un peu sommaire qui lui procurait des mécomptes ; mais il ne s'y arrêtait pas, et poussé par son ardeur de progrès, il se remettait à marcher aussitôt, se préoccupant avant tout du résultat auquel il voulait arriver.

Soucieux de procurer à tous la vie à bon marché, il aimait à faire venir des produits d'alimentation et autres en masse pour les revendre à prix coûtant. Il eût même voulu mettre à la portée de tous plus que le nécessaire : ainsi un jour il fit venir des quantités d'oranges d'Algérie et du Portugal qui se vendirent presque pour rien dans les rues de Mulhouse.

Dur pour lui-même il vivait très simplement, pensant peu à son confort et beaucoup à celui des autres.

Il avait horreur des dépenses qu'il considérait comme inutiles, et, très large dans les grandes choses d'utilité publique, il l'était moins pour les petites de la vie usuelle; mais pour faire le bien il avait toujours la main grande ouverte.

J'ai le précieux souvenir d'avoir vu quelquefois dans l'intimité cet homme d'élite ; il avait reporté sur le fils une part de l'amitié qui le liait au père, et jamais je n'oublierai son accueil toujours si cordial, ses manières simples et affables, l'intérêt qu'il savait témoigner à tous ceux qui l'approchaient.

Marié le 30 octobre 1822 à Mlle Anne-Catherine Bourcart, il eut le rare bonheur de conserver à ses côtés sa fidèle compagne pendant 61 années ; elle le suivit, dans les divers voyages qu'il entreprit, à partir de 1860, en Egypte, en Palestine et en Algérie.

Depuis une vingtaine d'années, il passait tous ses hivers à Cannes, devenu pour lui un second foyer domestique, où souvent les uns ou les autres de ses nombreux enfants venaient le rejoindre.

Deux fils et six filles, encore en vie, lui ont valu une descendance directe de quatre-vingt treize personnes.

Il fut donné à M. et à Mme Jean Dollfus de célébrer à Mulhouse la belle et touchante fête des noces de diamant, à laquelle toute la ville pour ainsi dire prenait part. Les témoignages de sympathie et de vénération affluaient, anticipant ceux qui ont entouré naguère la tombe de notre grand Alsacien et ceux qui en cet instant, j'en ai l'assurance, remplissent vos cœurs.

A l'époque dont je parle, lors de la célébration de la noce de diamant de M. et de Mme Jean Dollfus, une délégation de notre Société se joignait aux représentants du conseil municipal et de la chambre de commerce pour offrir à notre collègue une superbe médaille en or, accompagnée d'une adresse que plus de dix mille compatriotes se firent honneur de signer.

Mais une année ne s'était pas écoulée que M. Jean Dollfus était frappé coup sur coup par la mort de son épouse dévouée et de son gendre M. Engel-Dollfus !

Entouré par les siens, il surmonta encore ces nouvelles épreuves, conservant son activité au sein d'une verte vieillesse ; ce n'est qu'au commencement de cette année, à Cannes, que se présentèrent les premiers symptômes alarmants du mal qui devait finir sa longue et belle carrière ; la nature réclamait ses droits, l'esprit et le corps furent atteints ensemble ; on put encore ramener l'ombre de Jean

Dollfus à Mulhouse, où, après peu de semaines, il succomba le 21 mai dernier, à l'âge de près de 87 ans.

Permettez-moi, Messieurs, pour terminer, de citer ces deux lignes trouvées inscrites dans le journal intime de M. Daniel Dollfus-Mieg :

« Ma devise a toujours été : *Loyauté, ordre, travail ;* « puissent mes enfants l'adopter un jour. »

Certes ce vœu du père a été exaucé, et le collègue que nous pleurons était en droit d'y ajouter : « *Amour du prochain, bienfaisance.* »

C'est bien là le point culminant d'une vie si noblement remplie.

Puissions-nous tous, en présence d'un tel exemple, nous sentir encouragés à ne jamais séparer le progrès moral du progrès industriel et faire de leur accord le but supérieur de notre Société.

MULHOUSE — IMPRIMERIE VEUVE BADER ET Cⁱᵉ